João Varella

anatomia do livro

LOTE 42

Sim, este sou eu. Você deve estar se perguntando de que maneira um texto como eu veio parar num livro, dentro de um miolo, depois de uma folha de rosto – aquela primeira página, com o título, nome da editora e do escritor. Você vai ver que há muito mais gente envolvida no livro do que o sugerido por essa página de apresentação.

Tudo começou com a vontade de explicar a anatomia de uma publicação impressa de forma bem escancarada, convidando quem me lê a interagir no processo. Foi aí que comecei a ser criado.

Este é o terceiro parágrafo do texto, uma estratégia para deixar claro que vamos mudar de assunto enquanto avançamos. É um dos muitos recursos de que o texto dispõe[1].

Quem apertou os botões correspondentes às letras no teclado do computador e concatenou as frases foi João Varella, escritor e editor da editora Lote 42. A Cecilia Arbolave, também escritora e editora da Lote 42, leu e sugeriu melhorias. Por exemplo, ela achou que logo de cara fosse bom explicar o que é uma folha de rosto, ali no início do texto.

Por melhor que qualquer autor escreva, sempre deixa passar alguns erros de ortografia, gramática, repetições e frases desengonçadas. Um texto parece nunca estar finalizado. E até se transformar em livro, puxa vida, que jornada! Quem observa essas coisas, sobretudo a coesão e coerência do texto, as repetições, deslizes ortográficos

1 Aqui há outro, a nota de rodapé.

e gramaticais etc. é o preparador de texto. Quem fez a preparação deste aqui foi a Silvia Massimini Felix. Caramba, quanta coisa. Obrigado, Silvia.

Com o texto preparado, foi a vez da Lina Ibáñez e da Florencia Lastreto, do projeto La Bici Press, pensarem no projeto gráfico, ou seja, na forma do livro. Entenda: eu, como texto no computador, não estou pensando de que modo serei impresso, mas agora é preciso começar a planejar a dimensão física do projeto, em como ele vai ficar mesmo. Nessa etapa, passei a ocupar uma versão digitalizada do que futuramente seria impresso, como estou agora, num programa bem mais complexo do que aquele que o João usou para escrever. O formato da letra, o tamanho, a distância, linhas e parágrafos, tudo tem propriedades que foram escolhidas levando em conta o projeto gráfico. Sabe aquele "S" grandão no início do texto? Pois bem, é chamado "capitular" e foi escolhido

sobra uma palavra sozinha numa linha) ou quebra incorreta de palavra na mudança da linha. Se não fosse pela revisão, o texto teria algumas repetições de palavras que poderiam te distrair da leitura, por exemplo. Mesmo assim, uma coisinha ou outra pode ter escpado. Tudo bem, o importante é expressar.

Lina, Florencia, voltem aqui, por favor. Eu vi que andaram conversando bastante com a Cecilia sobre produção gráfica. Acontece que o projeto gráfico envolve também materiais, formatos e técnicas de impressão, então essas duas áreas andam de mãos dadas.

O papel escolhido tem gramatura de 150 g/m^2 e foi impresso em offset, técnica muito utilizada para a produção de livros. De cada folha gráfica saem dois livros de 31,5 cm x 91,3 cm. Mas, calma aí, o tamanho final não é menor do que isso? Exatamente.

Depois de impresso, foram feitos alguns cortes e algumas dobras e, após a montagem,

as duas pontas foram coladas. E dessa forma virei um livro de 11,4 cm x 15,7 cm. Há conteúdos que ficam ainda mais claros com desenhos. É por isso que Florencia colocou três ilustrações aqui.

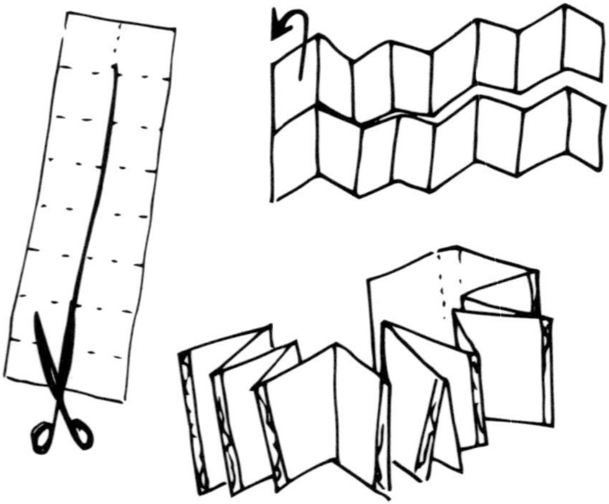

Ainda tem uma surpresa. Na capa, além da impressão offset, foi usada uma técnica artesanal, a serigrafia, parecida com o estêncil. Vale-se de uma tela sintética, que conta com uma área vazada por onde a tinta passa. Usa-se um rodo para fazer a impressão. Essa técnica permite trocar as tintas sem grandes transtornos, então foi possível fazer capas diferentes. Veja um desenho da tela, tinta e do papel:

O parágrafo que começa aqui faz jus ao título "Anatomia do livro": com muito cuidado, você pode desdobrar as páginas e ver a engenharia dessa montagem. Reparou como a lombada na verdade vem emprestada da folha da capa? Lina e Florencia brincaram com isso no interior do projeto, inserindo elementos gráficos nas laterais do miolo. Sou

um texto suspeito para falar, mas curti muito essa etapa do projeto gráfico.

Espera, o João voltou. Ele entrou com o pedido de emissão do meu ISBN (sigla para *International Standard Book Number*, uma espécie de documento de identidade do livro) e da minha ficha catalográfica (documento que identifica os principais temas da obra, autoria e outras informações que ajudam muito na organização de bibliotecas).

Ok, pessoal, tudo certo? Então bora mandar o arquivo para a gráfica Rettec imprimir, dobrar, cortar e montar.

Missão cumprida! E ela inclui você que me leu. Falei de mim para te convidar a refletir sobre o ato de publicar. Fui feito para ser manuseado e vivenciado por você e por qualquer pessoa para quem você venha a emprestar ou dar este livro – o que significa que estarei circulando por aí durante um tempão.

Então, me abra e abra todos os colegas livros (pois é, deixei oficialmente de ser texto, agora me entendo como um livro). Cada livro é um portal, pronto para te levar a uma jornada no universo das histórias.

A frase acima poderia encerrar este livro, ficou bonita! Mas eu tenho mais um recado para dar.

Antes de ir embora, dê uma olhada no colofão da página 13. Seu papel, nos livros, é contar um pouco mais sobre a produção gráfica da obra – neste caso, como já contei algumas coisas, talvez soe repetitivo, mas é importante que ele esteja lá porque ajuda a reforçar como os livros são feitos. E também repare no expediente, com os créditos de quem trabalhou aqui, na página 12. Sim, algumas pessoas você já conheceu, também pode ser repetitivo, mas vale a pena cumprir o protocolo. Afinal, agora sou um livro.

Texto fixado conforme as regras do Novo Acordo Ortográfico da Língua Portuguesa (Decreto Legislativo nº 54, de 1995).

Edição geral: João Varella e Cecilia Arbolave
Capa e projeto gráfico: Florencia Lastreto e Lina Ibáñez (La Bici Press)
Texto: João Varella
Produção gráfica: Cecilia Arbolave
Preparação: Silvia Massimini Felix
Revisão: Bruna Del Valle

1ª edição, 2025

Dados Internacionais de Catalogação na Publicação (CIP) de acordo com ISBD

V293a Varella, João

Anatomia do livro / João Varella. - São Paulo : Lote 42, 2025.
16 p. ; 12cm x 16,5cm.

ISBN: 978-65-87881-22-5

1. Editoração. 2. Livros. 3. Criação. 4. Bastidores. I. Título.

CDD 070.5
2025-1123 CDU 070.4

Elaborado por Vagner Rodolfo da Silva - CRB-8/9410

LOTE 42

Rua Barão de Tatuí, 302, sala 42
CEP 01226-030, São Paulo/SP
www.lote42.com.br | @lote42

Equipe: Batista, Cecilia Arbolave, Davi Lopes, Gabriela de Oliveira Cordeiro, Guilherme Ladenthin, Ian Uviedo, Juliana Panini, João Varella, Laura Mazzo, Mariana Lensoni e Natalia Varella.